Thomas Feghelm

Laubsägearbeiten
Sommerideen im Landhausstil

ENGLISCH VERLAG

Bibliografische Information der Deutschen Bibliothek
Die Deutsche Bibliothek verzeichnet diese Publikation in der Deutschen Nationalbibliografie;
detaillierte bibliografische Daten sind im Internet über http://dnb.ddb.de abrufbar.

© by Englisch Verlag GmbH, Wiesbaden 2002
ISBN 3-8241-1222-1
Alle Rechte vorbehalten. Nachdruck, auch auszugsweise, verboten.
Fotos: Frank Schuppelius
Herstellung: Michael Feuerer
Printed in Germany

Inhaltsverzeichnis

Don't eat chicken!

Vorwort

Der Landhausstil, mittlerweile auch bei uns sehr bekannt, hält nun mit dem Frühling Einzug.

Vögel zwitschern in den Bäumen, Libellen schweben über dem Staudenbeet, und der Blumenkasten ist auch schon bepflanzt. Bevor man sich versieht, ist es auch schon Ostern, und manch einer hat das Glück, dem Hasen bei der Arbeit zuzusehen.

Gänse schnattern auf der Wiese und das Summen der Bienchen kündigt den baldigen Sommer an. Wunderschöne Windlichter leisten Ihnen an lauen Sommerabenden Gesellschaft, und Mobiles tanzen im Wind. Lassen Sie sich inspirieren, und greifen Sie zu Holz und Säge. Verwenden Sie die typischen, abgetönten Farben des Landhausstils auch ruhig im Frühling, denn gerade sie sind es, die die Objekte so bezaubernd anders aussehen lassen.

Ich wünsche Ihnen viel Spaß bei Ihrer Kreativität und genauso viel Freude an Ihren Werken.

Thomas Feghelm

Material und Werkzeug

Material

✗ Laubsäge oder Decoupiersäge
✗ Sägeblätter in verschiedenen Stärken
✗ Schleifpapier in verschiedenen Körnungen
✗ Leimholz in 18 mm Stärke
✗ Sperrholz in 3 mm, 6 mm und 8 mm Stärke
✗ Holzleim und Kraftkleber
✗ Heißkleber
✗ Bohrmaschine oder Akkuschrauber
✗ Bleistift
✗ Architektenpapier
✗ Bastelfarben
✗ Karostoffe
✗ Gelstifte in Schwarz
✗ Lackmalstifte in Schwarz
✗ Pinsel in unterschiedlichen Größen
✗ Draht in verschiedenen Stärken
✗ Kupferfolie
✗ Nägel
✗ kleine Gläser (z.B. leere Marmeladengläser) zum Anrühren von Beize
✗ Cutter oder ein gerades Schnitzmesser
✗ Alurohre mit 0,6 cm Durchmesser

Das Holz

Für die meisten Motive in diesem Buch brauchen Sie 18 mm starkes Massivholz, um den „Landhausstil" richtig zu betonen. Sie erhalten dieses Holz als Leimholzplatten in Baumärkten.

Sparen Sie dabei nicht an der Qualität des Holzes, und achten Sie unbedingt darauf, dass Ihr ausgewähltes Holz relativ hell ist, denn je weniger Astlöcher und Maserungen vorhanden sind, desto leichter lässt sich das Holz bearbeiten.

Weiterhin benötigen Sie aus dem Bastelgeschäft Pappelsperrholz in 3 mm, 6 mm und 8 mm Stärke sowie Rundholzstäbe in verschiedenen Dicken.

Die Säge

Die Laubsäge erfordert ein wenig Muskelkraft und wird mit Auf- und Abbewegungen durch das Holz geführt. Drücken Sie das Sägeblatt dabei nur leicht gegen das Holz, um ein Verkanten oder gar Reißen des Blattes zu vermeiden. Mit dieser Säge lassen sich jedoch nur die dünneren Holzplatten problemlos sägen.

Für die Leimholzplatten verwenden Sie am besten eine **Decoupiersäge**, d.h. eine elektrisch betriebene Laubsäge. Ein Motor ersetzt dabei bei der Auf- und Abbewegung des Sägeblattes die Muskelkraft. Es gibt diese Säge in unterschiedlichen Ausführungen und Preisklassen. Mit solch einer Säge lassen sich auch härtere Hölzer bis zur einer Stärke von 50 mm bearbeiten. Das Holz wird bei der Verarbeitung etwas fester auf den Sägetisch gedrückt und leicht gegen das Sägeblatt geführt. Eine genaue Beschreibung liegt der jeweiligen Säge bei.

Das Schleifpapier

Nach dem Aussägen der Motive werden die Seiten, wo es erforderlich ist, geglättet. Hierfür eignet sich ein Schleifpapier mit grober Körnung (z.B. 80er). Verwenden Sie für den Nachschliff ein Papier mittlerer Körnung (z.B. 120er).

Die Kanten werden teilweise mit einem Cutter oder einem Schnitzmesser gebrochen. Je unebener die Kanten sind, desto rustikaler ist auch die Erscheinung.

Die Farben

Zum Bemalen verwenden Sie am besten **wasserlösliche Bastelfarben**, die in jedem Fall im „Landhausstil" matt sein sollten. Diese Farben sind gut deckend sowie schnell trocknend und werden in unterschiedlichen Abfüllungen im Bastelhandel angeboten.

Möchte man die Holzmaserung auch nach der Bemalung sehen, kann man sich aus diesen Farben so genannte **Beizen** herstellen. Verdünnen Sie z. B. in einem leeren Marmeladenglas ein Teil Farbe mit 3–4 Teilen Wasser (je nach Intensität). Exakte Farbabtrennungen können Sie aufgrund der wässrigen Konsistenz jedoch nicht erreichen. Tragen Sie deshalb immer erst die Beize auf und anschließend die deckenden Farben.

Um die Farben dauerhaft haltbar zu machen, werden diese nach dem Trocknen mit einem **Matt-Sprühlack** versiegelt.

Die Pinsel

Verwenden Sie für den Grundauftrag (Grundierung) einen **Borstenpinsel**. Beim Einsatz von Beizen nehmen Sie einen flach gebundenen **Synthetikpinsel**. Für Stupf- und Drybrushtechniken eignet sich insbesondere ein rund gebundener **Drybrushpinsel** mit runder Spitze.

Weiterhin brauchen Sie runde und flache Synthetikpinsel in unterschiedlichen Größen. Feinste Linien und Konturen werden mit sehr guten Resultaten mit einem Gelstift aufgetragen.

Die Bodenverankerung

Damit die Figuren fest im Rasen oder in den Beeten stehen, werden Sie mit Alurohren versehen. Diese verwittern nicht, sodass die Landhausfiguren lange stabil an ihrem Platz stehen können.

Allgemeine Grundanleitung

Die Motivübertragung

Legen Sie einen Bogen festes Transparentpapier (Architektenpapier) über den Vorlagebogen, und zeichnen Sie das gewünschte Motiv mit einem weichen Bleistift ab. Legen Sie jetzt das Architektenpapier mit der Bleistiftseite auf das Holz. Fahren Sie die Linien auf der Rückseite des Architektenpapiers mit einem harten Bleistift nochmals nach. Hierdurch werden die Linien auf das Holz übertragen. In gleicher Weise übertragen Sie auch alle Linien, Gesichter usw. auf das grundierte Holz.

Das Sägen

mit einer Laubsäge:
Befestigen Sie ein Sägetischchen mit einer Schraubzwinge an einer Tischkante. Der Schlitz und das Loch liegen vor der Tischkante. Das Motiv wird in dem Loch gesägt. Spannen Sie ein geeignetes Sägeblatt ein, und drehen Sie es mit den Flügelschrauben fest. Halten Sie den Sägebogen waagerecht und parallel zum Unterarm. Es wird immer nur das Holz gedreht, nicht die Säge.

mit einer Decoupiersäge:
Spannen Sie zunächst das für diese Holzart geeignete Sägeblatt ein, und achten Sie darauf, dass die Sägezähne nach unten zeigen, um ein Ausschlagen des Holzes zu vermeiden.
Sägen Sie nun entlang der Bleistiftlinie, indem Sie das Holz langsam und ohne Druck gegen das Sägeblatt drücken. Achten Sie

dabei darauf, dass das Holz immer fest auf dem Sägetisch aufliegt.

Lassen Sie niemals Kinder unbeaufsichtigt an einer Decoupiersäge arbeiten!

Um aus einem Motiv etwas herauszusägen, bohren Sie zunächst ein kleines Loch. Lösen Sie das obere Teil des Sägeblattes, und führen Sie dieses durch das Bohrloch. Spannen Sie das Sägeblatt wieder ein. Nun können Sie problemlos im Motiv sägen.

Das Schleifen

Nicht immer werden beim Sägen Rundungen wirklich rund und Kanten richtig gerade. Mit einem Schleifpapier mit grober Körnung lassen sich jedoch kleinere und größere Patzer schnell korrigieren. Für gerade Kanten legen Sie das Schleifpapier auf einen Schleifklotz aus Holz oder Kork und schleifen damit über die längste Seite des Holzes hin und her. Um Rundungen zu korrigieren, müssen Sie an den jeweiligen Stellen individuell zurückschleifen. Kanten „brechen" Sie, indem Sie kurz mit etwas Druck direkt mit dem Schleifpapier über die Kante fahren oder mit dem Cutter die Kante etwas „abhobeln".

Das Bohren

Beim Bohren von Löchern besteht immer die Gefahr, dass das Holz auf der Rückseite aussplittert. Um dies zu vermeiden, müssen Sie stets ein weiteres Stück Holz unterlegen.

Die Maltechniken

Grundieren

Benutzen Sie einen einfachen Borstenpinsel für den Farbauftrag. Bürsten Sie die Farbe mit etwas Druck in das Holz. So können keine „Schlieren" entstehen.

Bei der Verwendung von Beize tragen Sie diese mit einem flach gebundenen Synthetikpinsel rasch und farbsatt auf das Holz auf. So vermeiden Sie Trocknungsränder.

Beizen

Verdünnen Sie sich 1 Teil Farbe mit 3–4 Teilen Wasser (je nach Intensität) z. B. in einem leeren Marmeladenglas mit Deckel. Die Beize lässt die Holzmaserung durchscheinen. Exakte Farbabtrennungen sind jedoch nicht möglich.

Alterungs-Effekt

Soll ein Teil schon etwas abgegriffen aussehen, schleift man nach dem Trocknen der Farbe die Kanten etwas ab. Anschließend werden diese mit verdünnter brauner Farbe und einem Papiertuch übergewischt. Ein weiterer Effekt wird durch das Aufspritzen von **Farbpünktchen** erzielt. Tauchen Sie eine Zahnbürste in etwas verdünnte braune Farbe, und streichen Sie diese in einer Richtung von sich weg über ein Spritzsieb.

Punkte setzen

Um gleichmäßige Punkte zur Verzierung zu setzen, brauchen Sie Stricknadeln oder Pinselstiele in unterschiedlichen Größen. Tauchen Sie den Stiel in einen Farbspiegel ein. Setzen Sie anschließend den Stiel senkrecht auf das Holz. Die Farbmenge reicht meist für zwei Punkte aus. Wischen Sie das Ende mit einem Papiertuch sauber, bevor sie es erneut in den Farbspiegel eintauchen. So werden Ihre Punkte immer schön rund.

Drybrushing

Hier bürsten Sie regelrecht die „trockene" Farbe auf das Motiv. Am besten eignet sich hierfür ein Drybrushpinsel mit einer runden Spitze. Der Pinsel muss vor Gebrauch immer trocken sein, da die Farbe sonst zu sehr verdünnt würde. Tauchen Sie die Pinselspitze in die gewünschte Farbe. Streichen Sie nun den Pinsel auf einem Papiertuch so lange hin und her, bis Sie das Gefühl haben, dass jetzt keine Farbe mehr im Pinsel ist. Nun können Sie mit dieser Art von Bemalung sehr weiche Effekte an den gewünschten Stellen erzielen.

Nass-in-Nass-Technik

Bei dieser Technik werden zwei oder mehr Farben nass ineinander gewischt. Tragen Sie dazu die Farben nebeneinander oder übereinander auf, und ziehen Sie die Farben mit dem Pinsel ineinander. Sie müssen dabei zügig oder in Teilschritten arbeiten, damit die Farbe nicht antrocknen kann. So erhalten Sie weiche Farbübergänge.

Versiegeln

Damit das bemalte Teil später auch feucht abwischbar ist, wird es mit einem transparent matten Sprühlack versiegelt. Den Lack vor Gebrauch gut schütteln!

Figuren für den Garten sollten Sie evtl. mit einem Bootslack versiegeln.

Einfärben von Stoffen

Damit die Stoffe schon etwas älter aussehen, können Sie diese mit schwarzem Tee einfärben. Dazu brühen Sie den Tee stark auf und weichen den Stoff ca. 15 Minuten ein. Anschließend wird die Färbung mit Essig fixiert. Ein weiterer Alterungseffekt sind die ausgefransten Kanten. Die erhalten Sie, indem Sie den Stoff in die entsprechende Breite reißen anstatt ihn zu schneiden.

Sommerideen

Rasenstecker „Hase"

Material

- ✘ Leimholz, 18 mm stark
- ✘ Schleifpapier mittlerer Körnung
- ✘ Cutter oder Schnitzmesser
- ✘ Bastelfarben in Elfenbein, Dunkelbraun und Schwarz
- ✘ Beize in Braun
- ✘ Gelstift in Schwarz
- ✘ Bohrer, 1 und 6 mm ∅
- ✘ fester Draht
- ✘ Naturbast und kleine Zweige
- ✘ Stoffstreifen in Braun, 1,5 und 3 cm breit
- ✘ Sprühlack
- ✘ 2 Alurohre, 0,6 cm ∅ x 15 cm Länge

Anleitung

Friedlich mümmelnd erfreut sich dieser Hase an dem frischen Grün des Rasens.

Übertragen Sie die Kontur des Hasen auf das Holz und sägen ihn anschließend aus. Glätten Sie die Seiten und brechen die Kanten mit dem Schnitzmesser. Bohren Sie nun die Löcher für die Alurohre und die Barthaare. Beizen Sie den Hasen in Braun und wischen in der Nass-in-Nass-Technik die Konturen in Dunkelbraun hinein, wofür Sie sich bitte am Foto orientieren. Um die Augen herum und im Ohrinneren wird etwas Elfenbein verwischt. Umranden Sie nach dem Trocknen der Farbe die Augen mit dem Gelstift. Die Pupillen und die Nase werden mit schwarzer Farbe aufgetragen. Versiegeln Sie abschließend die Farben mit dem Sprühlack. Verbiegen Sie nun den Draht der Barthaare und befestigen diesen in den Bohrlöchern. Binden Sie einen Stoffstreifen von 1,5 cm Breite um den Hals und befestigen darauf, zusammen mit dem Bast, eine Karoschleife. Anschließend wird noch eine kleine Schleife am Schwänzchen befestigt.

Zaunvogel

Material

✘ Leimholz, 18 mm stark
✘ Schleifpapier, mittlere Körnung
✘ Cutter oder Schnitzmesser
✘ Holzleim, Sprühlack
✘ Bastelfarben in Gelb, Mittelblau, Mittel-braun, Dunkelbraun und Schwarz
✘ Beize in Rot
✘ Bohrer, 8 mm Ø
✘ Rundholz, 8 mm
✘ Naturbast

Anleitung

Mit solch einem niedlichen Gesellen werten Sie jeden Gartenzaun auf. Übertragen Sie die Konturen auf das Holz, und sägen Sie diese aus. Glätten Sie die Seiten, und brechen Sie die Kanten mit dem Schnitzmesser. Bohren Sie das Loch für die Zaunverbindung. Alle Farben werden in der Nass-in-Nass-Technik aufgetragen. Grundieren Sie den Schnabel, die Füße und die Flügel in Gelb, und wischen Sie ein wenig mittelbraune Farbe mit hinein. Bemalen Sie den Kopf mit Blau, und wischen Sie ein wenig Gelb und Mittelbraun hinein. Die Übergänge von Blau und Gelb mischen sich dabei zu einem Grün. Beizen Sie nun die Brust und mischen etwas Mittelblau dazu. Das restliche Gefieder wird in Mittelblau bemalt und mit wenig Mittelbraun verwischt. Spritzen Sie nun die Farbpünktchen über die Flügel, und malen Sie das Auge sowie das Schnabelloch auf.

Leimen Sie die Flügel an, und versiegeln Sie die Farben mit dem Sprühlack.

Zum Schluss bekommt das Vögelchen noch eine schicke Schleife aus Naturbast umgebunden.

Windlicht „Sonne"

Material

✘ Leimholz, 18 mm stark
✘ Schleifpapier, mittlere Körnung
✘ Cutter oder Schnitzmesser
✘ Bastelfarben in Gelb und Terrakotta
✘ Bohrer, 2 mm ∅
✘ fester Draht
✘ Stieldraht, 1,5 mm stark
✘ Glaseinsatz
✘ Sprühlack

Anleitung

Für ein warmes Licht an lauen Sommerabenden sorgt dieses Windlicht.

Übertragen Sie zuerst die Kontur der Sonne auf das Holz und sägen sie aus. Glätten Sie die Seiten und brechen die Kanten mit dem Schnitzmesser. Biegen Sie den Draht um den Glaseinsatz, wobei die Enden hinter der Rundung noch etwa 4 cm lang überstehen müssen. Zeichnen Sie die Löcher an, und bohren Sie dann diese und das Loch für den Aufhängedraht. Grundieren Sie die Sonne mit Gelb und wischen in der Nass-in-Nass-Technik von den Rändern zur Mitte sehr wenig Terrakotta hinein. Versiegeln Sie die Farbe mit dem Sprühlack, um alles abwaschbar zu machen. Schieben Sie zum Schluss den gebogenen Stieldraht durch die Bohrlöcher und biegen ihn zu den Seiten weg.

Hängewindlicht „Blume"

Material

✘ Leimholz, 18 mm stark
✘ Schleifpapier, mittlere Körnung
✘ Cutter oder Schnitzmesser
✘ Bastelfarben in Gelb, Terrakotta und Dunkelbraun
✘ Bohrer, 2 mm ∅
✘ fester Draht
✘ 3 kleine Nägel
✘ Kupferblech, 2 mm stark
✘ Sprühlack

Anleitung

Dieser Raumschmuck ist nicht nur schön, sondern außerdem auch zweckmäßig.
Übertragen Sie die Konturen der Blüte auf das Holz, und sägen Sie sie aus. Glätten Sie die Seiten, und brechen Sie die Kanten mit dem Schnitzmesser. Bohren Sie nun die Löcher für die Drahtaufhängung.
Grundieren Sie die Blüte mit Gelb und lassen die Farbe gut trocknen. Brushen Sie die Farbe Terrakotta großzügig über die gesamte Oberfläche. Dabei betonen Sie die Seiten und die Kanten etwas mehr und verlängern die Ränder der einzelnen Blüten damit optisch. Spritzen Sie etwas verdünnte braune Farbe über die Oberfläche, und versiegeln Sie die Farbe anschließend mit dem Sprühlack. Übertragen Sie die Konturen der Blütenmitten auf das Blech und schneiden es aus. Bemalen Sie das Blech mit der dunkelbraunen Farbe, die danach gut trocknen muss. Nehmen Sie anschließend einen Schaschlikspieß und kratzen damit die Farbe zum großen Teil wieder herunter. Da die Farbe auf dem Blech nicht gut hält, geht das ganz einfach. Versiegeln Sie die restliche Farbe mit dem Sprühlack. Nun hält sie auch dauerhaft auf dem Blech.
Fixieren Sie die Blechteile mit den kleinen Nägeln direkt in der Mitte der Blüte.
Zum Schluss nehmen Sie pro Aufhängung einen Draht doppelt und verdrehen ihn. Das Ende wird unter der Blüte zur Spirale verdreht; so kann es nicht herausrutschen.

Beetstecker „Möwe"

Material
✗ Leimholz, 18 mm stark
✗ Schleifpapier, mittlere Körnung
✗ Cutter oder Schnitzmesser
✗ Bastelfarben in Weiß, Gelb, Braun und Schwarz
✗ Bohrer, 2 und 8 mm Ø
✗ Draht
✗ Rundholz, 8 mm Ø, 1 m lang
✗ Zweige und Dschungelmoos
✗ Netzstoff
✗ Sprühlack

Anleitung
Übertragen Sie die Konturen auf das Holz und sägen sie aus. Glätten Sie die Seiten und brechen die Kanten mit dem Schnitzmesser. Bohren Sie nun die Löcher für den Stab und die Zweige.

Grundieren Sie als Nächstes die Möwe und die Flügel mit Weiß und wischen dabei in der Nass-in-Nass-Technik ein wenig schwarze Farbe mit hinein. Betonen Sie die Flügel dabei etwas stärker.

Der Schnabel wird in Gelb grundiert und mit wenig Braun verwischt. Malen Sie nun die Augen auf und leimen dann die Flügel und den Rundstab fest. Fixieren Sie die Farben mit dem Sprühlack, damit die Möwe regenfest wird. Drahten Sie ein paar Zweige mit etwas Dschungelmoos zusammen, und befestigen Sie das Bündel im Schnabel. Dekorieren Sie zum Schluss den Stab mit dem Netzstoff.

Gartenschild mit Schmetterlingen

Material

✘ Leimholz, 18 mm stark
✘ Sperrholz, 6 mm stark
✘ Schleifpapier mittlerer Körnung
✘ Cutter oder Schnitzmesser
✘ Bastelfarben in Altweiß, Gelb, Terrakotta, Blau, Braun und Dunkelbraun
✘ Lackmalstift in Schwarz
✘ Beize in Braun
✘ Bohrer, 2 mm ∅
✘ fester Draht
✘ Sprühlack

Anleitung

Endlich Sommer!
Und wo wäre er schöner, als im Garten?
Übertragen Sie als Erstes die Konturen auf das Holz und sägen sie aus. Glätten Sie die Seiten und brechen die Kanten mit dem Schnitzmesser. Anschließend bohren Sie die Löcher für die Verbindungen.
Beizen Sie das Schild und wischen in der Nass-in-Nass-Technik etwas dunkelbraune Farbe von den Rändern zur Mitte hinein. Der Schriftzug wird nach dem Trocknen der Farbe mit einem Lackmalstift geschrieben. Die Blume wird zunächst Gelb grundiert. Brushen Sie nach dem Trocknen die Ränder mit Terrakotta über, und spritzen Sie anschließend über die gesamte Oberfläche etwas dunkelbraune Farbe. Bemalen Sie die Blütenmitte mit Braun und wischen am Rand viel dunkelbraune Farbe mit hinein. Schließlich brushen Sie den Rand nach dem Trocknen mit Altweiß über.
Bemalen Sie den blauen Schmetterling zuerst in Gelb und setzen anschließend die Akzente mit Blau. Mischen Sie die beiden Farben mit viel Wasser ineinander. Achten Sie darauf, dass die Farben nicht schon vorher antrocknen. Brushen Sie nach dem Trocknen die Ränder stark und die Oberfläche leicht mit Altweiß über.
Der gelbe Schmetterling wird im unteren

Flügelbereich mit Terrakotta, im oberen Bereich mit Gelb bemalt. Dann ziehen Sie die Terrakottafarbe mit viel Wasser zur oberen Flügelspitze. Brushen Sie die Ränder abschließend mit Altweiß über. Versiegeln Sie die Einzelteile mit dem Sprühlack.

Nun drahten Sie die Flügel an die Körper und drehen die Enden zur Spirale auf. Die Fühler bestehen aus einem dreifach verdrehten Stück Draht, dessen Enden umgebogen werden.

Für die Drahtverbindungen nehmen Sie den Draht doppelt und drehen ein paar Schlaufen hinein.

Gießkannen-Mobile

Material
✗ Leimholz, 18 mm stark
✗ Sperrholz, 6 mm stark
✗ Beize in Grün, Sprühlack
✗ Bohrer, 2 mm Ø
✗ fester Draht
✗ Naturbast
✗ Bastelfarben in Gelb,
   Terrakotta und Dunkelbraun
✗ Schleifpapier mittlerer Körnung
✗ Cutter oder Schnitzmesser
✗ Stoffstreifen, braun eingefärbt, 2 cm breit

Anleitung
Eine schöne Fensterdekoration für den Wohnbereich erhalten Sie, wenn Sie die Konturen auf das Holz übertragen und aussägen. Glätten Sie anschließend die Seiten und brechen die Kanten mit dem Schnitzmesser. Bohren Sie nun die Löcher für die Verbindungen. Beizen Sie die Gießkanne in Grün, und deuten Sie auf der noch nassen Farbe mit Dunkelbraun die Öffnung sowie die Tülle an. Auch die Ränder werden etwas hervorgehoben. Die Herzen werden in Gelb grundiert und in der Nass-in-Nass-Technik mit Terrakotta verwischt. Grundieren Sie die Blumen zunächst mit Gelb. Nach dem Trocknen brushen Sie die Ränder mit Terrakotta über und spritzen anschließend über die gesamte Oberfläche etwas dunkelbraune Farbe. Bemalen Sie die Blütenmitte mit Braun und wischen am Rand etwas mehr dunkelbraune Farbe mit hinein. Nun leimen Sie die Blütenmitten und das Herz fest und versiegeln die Farben mit dem Sprühlack. So fängt sich der Staub nicht auf dem Fensterschmuck. Drahten Sie nun die Blumen an die Gießkanne, und binden Sie die Schleifen aus dem Stoff und dem Bast mit ein.

Blumenpresse

Material

✗ 2 Sperrholzplatten,
  20 x 25 cm, 8 mm stark
✗ Schleifpapier mittlerer
  Körnung
✗ Cutter oder Schnitzmesser
✗ Bastelfarben in Altweiß
  und Dunkelbraun
✗ Beize in Braun
✗ Bohrer, 8 mm Ø
✗ 4 Flügelschrauben mit
  Muttern
✗ 8 große Unterlegschrauben
✗ dicke Pappe zum Pressen
✗ Serviette „Sommerstrauß"
✗ Serviettenkleber
✗ Pinsel, weich,
  flach gebunden
✗ Sprühlack

Anleitung

Mit dieser Blumenpresse können Sie Ihre schönsten Gartenblumen für viele Zwecke langfristig bewahren.

Nachdem Sie die Platten in der entsprechenden Größe ausgesägt haben, glätten Sie die Seiten und brechen die Kanten mit dem Schnitzmesser. Bohren Sie nun die Löcher für die Flügelschrauben.

Beizen Sie die Platten in Braun und spritzen nach dem Trocknen mit dunkelbrauner Farbe die winzigen Pünktchen auf. Lassen Sie die Farbe trocknen und bestreichen das Holz mit Serviettenkleber. Nun reißen Sie die Blumenmotive aus der Serviette und legen die oberste Lage auf den Kleber.

Streichen Sie nun von der Mitte zu den Rändern hin Serviettenkleber über das Motiv und lassen es trocknen.

Übertragen Sie den Schriftzug, und ziehen Sie mit Altweiß nach. Versiegeln Sie zum Schluss die Farben mit Sprühlack und drehen die Schrauben fest.

Wandbild „Bienenstock"

Material

- ✗ Leimholz, 18 mm stark
- ✗ Sperrholz, 3 und 6 mm stark
- ✗ Schleifpapier mittlerer Körnung
- ✗ Cutter oder Schnitzmesser
- ✗ Bastelfarben in Elfenbein, Gelb, Dunkelorange, Terrakotta, Braun und Dunkelbraun
- ✗ Beize in Ocker
- ✗ Lackmalstift in Schwarz, dick
- ✗ Spritzsieb
- ✗ Bohrer, 2 mm ∅
- ✗ fester Draht
- ✗ Naturbast und kleine Zweige
- ✗ Stoffstreifen in Braun, 2 und 3 cm breit
- ✗ Sprühlack

Anleitung

Fast kann man das Summen der Bienchen hören. Übertragen Sie die Konturen auf das Holz und sägen sie aus. Glätten Sie anschließend die Seiten und brechen die Kanten mit dem Schnitzmesser. Dann bohren Sie die Löcher für die Verbindungen.

Beizen Sie als Nächstes den Bienenstock in Ocker und wischen in der Nass-in-Nass-Technik Konturen in Gelb und Dunkelbraun hinein, wobei Sie die Ränder stärker betonen. Grundieren Sie das Schild in Gelb und wischen von den Rändern Richtung Mitte etwas Dunkelorange mit hinein. Nach dem Trocknen werden die Kanten dann mit Dunkelbraun überbrusht. Übertragen Sie den Schriftzug und ziehen ihn mit dem Lackmalstift nach.

Grundieren Sie nun die Blüte mit Gelb und lassen die Farbe gut trocknen. Dann brushen Sie großzügig mit Terrakotta über die gesamte Oberfläche, wobei Sie die Seiten und Kanten etwas mehr betonen. Spritzen Sie etwas verdünnte braune Farbe über die Oberfläche. Die Blütenmitte wird mit Braun grundiert, die Ränder mit Dunkelbraun überbrusht.

Die Körper der Bienen werden mit Gelb grundiert und die Streifen nach dem Trocknen der Farbe aufgebrusht. Grundieren Sie die Flügel mit Elfenbein und brushen die Ränder mit Dunkelbraun. Leimen Sie die Flügel auf die Körper und schieben dann durch jedes Fühlerloch ein Stück Draht, den Sie ineinander verdrehen. Die Enden werden umgebogen. Zum Schluss versiegeln Sie die Farben mit dem Sprühlack und drahten die Einzelteile zusammen. Arrangieren Sie nun noch die Schleifen und Zweige nach Ihrem Geschmack.

SUNSHINE & SUMMER

21

Rasenstecker „Gänse"

Material

✘ Leimholz, 18 mm stark
✘ Sperrholz, 4 mm stark
✘ Schleifpapier mittlerer Körnung
✘ Cutter oder Schnitzmesser
✘ Bastelfarben in Elfenbein, Dunkelorange, Dunkelblau, Braun und Schwarz
✘ Bohrer, 2 mm ∅
✘ fester Draht
✘ Naturbast
✘ Paketschnur
✘ Sprühlack
✘ Alurohr, 0,6 cm ∅ x 20 cm Länge

Anleitung

Schnatternd und pickend verweilen diese beiden auf der Rasenfläche.

Übertragen Sie zuerst die Konturen auf das Holz und sägen sie anschließend aus. Glätten Sie die Seiten und brechen die Kanten

mit dem Schnitzmesser. Bohren Sie nun die Löcher für die Verbindungen.

Grundieren Sie die Gänse mit Elfenbein und wischen in die noch nasse Farbe etwas Schwarz hinein. Orientieren Sie sich dabei am Foto. Nach dem Trocknen wird noch ein Hauch Braun in der Drybrushtechnik aufgetragen. Die Füße und der Schnabel werden mit Dunkelorange grundiert und mit Schwarz verwischt.

Leimen Sie als Nächstes die Flügel an den Körper. Die Füße befestigen Sie mit einem Stück Draht und leimen sie zusätzlich fest. Versiegeln Sie die Farben mit dem Sprühlack, damit die Gänse wetterbeständig werden. Kleben Sie nun die Schnur in das Herz und befestigen es an der Bastschleife.

Die schnatternde Gans wird mit Hilfe des Alurohrs im Boden befestigt, da sie sonst nach hinten kippen würde.

Hase bei der Arbeit

Material

- ✗ Leimholz, 18 mm stark
- ✗ Schleifpapier mittlerer Körnung
- ✗ Cutter oder Schnitzmesser
- ✗ Bastelfarben in Weiß, Rosa, Blau, Dunkelbraun und Schwarz
- ✗ Beize in Braun
- ✗ Gelstift in Schwarz
- ✗ Bohrer, 2 und 6 mm $\varnothing$
- ✗ fester Draht
- ✗ Naturbast und Dschungelmoos
- ✗ Karoflicken in Braun
- ✗ Sprühlack
- ✗ 2 Alurohre, 0,6 cm $\varnothing$ x 10 cm Länge
- ✗ 1 Alurohr, 0,6 cm $\varnothing$ x 17 cm Länge

Anleitung

Fleißig verteilt dieser Osterhase die bunten Eier im Garten. Hoffentlich findet man sie auch wieder!

Übertragen Sie die Konturen auf das Holz und sägen sie aus. Glätten Sie anschließend die Seiten und brechen die Kanten mit dem Schnitzmesser. Bohren Sie nun die Löcher für die Alurohre und die Barthaare.

Nun beizen Sie den Kopf und die Pfoten in Braun und wischen in die noch nasse Farbe von den Rändern zur Mitte etwas dunkelbraune Farbe.

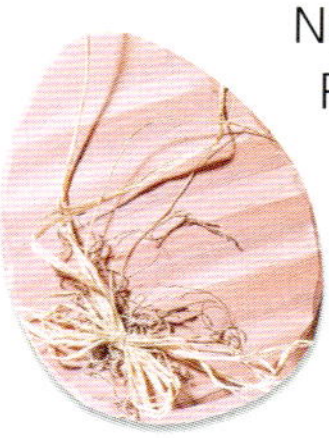

Nach dem Trocknen wird der Pullover bemalt und die Wangen gerougt. Brushen Sie auf den Kragen und um die Kanten herum etwas weiße Farbe auf. Die Konturen des Gesichts werden mit dem Gelstift aufgetragen, während die Augen und die Nase mit Farbe ausgemalt werden. Leimen Sie nun die Pfoten auf den Körper und den Flicken auf das Ohr. Die

Nahtstiche werden mit dem Gelstift aufgetragen.

Die Eier grundieren Sie mit Rosa, und die

Streifen sowie die Karos werden aufgebrusht. Versiegeln Sie abschließend die Farben mit dem Sprühlack. Die Bastschleifen

werden zusammen mit dem Dschungelmoos aufgeklebt. Anschließend befestigen
Sie noch die Alurohre und die Barthaare.

Blumenmädchen

Material

- ✗ Leimholz, 18 mm stark
- ✗ Sperrholz, 6 mm stark
- ✗ 5 Leisten, 1 cm stark, 2 x 10 cm
- ✗ 1 Leiste, 1 cm stark, 2 x 22 cm
- ✗ 1 Leiste, 1 cm stark, 7 x 22 cm
  (Grundplatte)
- ✗ Schleifpapier mittlerer Körnung
- ✗ Cutter oder Schnitzmesser
- ✗ Bastelfarbe in Altweiß, Gelb, Rosa,
  Grün, Terrakotta, Haut, Dunkelbraun
  und Schwarz
- ✗ Beize in Terrakotta und Braun
- ✗ Gelstift in Schwarz
- ✗ dünner Draht
- ✗ 5 kleine Nägel
- ✗ 1 Schraube
- ✗ Reisig
- ✗ Reisigbesen
- ✗ Moos
- ✗ Seidenblüten in Creme und Orange
- ✗ Lockengarn
- ✗ 1 Federvogel (Blaumeise)
- ✗ 1 Stoffdreieck, bunt
- ✗ Sprühlack

Anleitung

Liebevoll kümmert sich dieses Blumenkind um die Gartenvögel.

Übertragen Sie die Konturen auf das Holz und sägen sie aus. Glätten Sie die Seiten, und brechen Sie die Kanten mit dem Schnitzmesser. Die Ränder des Gesichts werden etwas rund geschliffen. Sägen Sie nun die Leisten auf die entsprechende Länge zu und schrägen die Spitzen an.

Leimen Sie die Leisten zu einem Zaun zusammen, und sichern Sie die Einzelteile von hinten mit je einem kleinen Nagel an der Querleiste. Beizen Sie als Nächstes den Zaun und die Grundplatte in Braun und wischen in der Nass-in-Nass-Technik etwas dunkelbraune Farbe mit hinein. Nach dem Trocknen wird mit einem Cutter ein Herz hinein geritzt. Bemalen Sie das Kleid und die Ärmel in Gelb und wischen auch hier etwas Terrakotta mit hinein. Grundieren Sie nun das Gesicht und die Hände mit der Farbe Haut. Der Hut wird in Terrakotta gebeizt und von den Rändern zur Mitte hin mit Gelb verwischt. Stupfen Sie nun die Wangen mit Rosa ab und malen das Gesicht mit dem Gelstift auf. Für die Augen verwenden Sie schwarze Farbe, und der Lichtpunkt wird mit Altweiß aufgetragen. Brushen Sie die Streifen zunächst mit Terrakotta auf, indem Sie mit dem Drybrushpinsel direkt am Lineal entlangwischen. Der Abstand beträgt 2 cm. Die Querstreifen werden im Abstand von 1 cm aufgebrusht. Nun folgen noch die grünen Streifen und die Ärmelabschlüsse.

Um dem Federvogel die kräftigen Farben zu nehmen, können Sie ihn zunächst mit Altweiß und anschließend mit Braun leicht überbrushen. Versiegeln Sie die Farben mit dem Sprühlack. Schneiden Sie vom Lockengarn ca. 12 mal 2 cm ab und befestigen es auf dem Hut. Die Hutkrempe verdeckt später die Ansatzstellen.

Leimen Sie nun den Zaun, die Hutkrempe und die Arme fest. Anschließend wird das Mädchen auf die Grundplatte geleimt und mit einer Schraube gesichert. Formen Sie aus dem Reisig ein größeres Nest für die Blumen auf dem Hut und ein kleineres für den Vogel. Befestigen Sie die Nester am besten mit Heißkleber und arrangieren die Blüten und den Vogel darin. Zum Schluss wird noch das Moos und der Besen festgeklebt und das Schultertuch drapiert.

Gärtner

Material

- ✗ Leimholz, 18 mm stark
- ✗ Serrholz, 4 und 6 mm stark
- ✗ Schleifpapier, mittlere Körnung
- ✗ Cutter oder Schnitzmesser
- ✗ Bohrer, 1, 3 und 6 mm ∅
- ✗ Bastelfarbe in Altweiß, Orange, Rosa, Haut, Braun, Dunkelbraun und Schwarz
- ✗ Beize in Blau, Grün und Braun
- ✗ Gelstift in Schwarz
- ✗ fester Draht
- ✗ Holzleim
- ✗ Schraube
- ✗ Reisig
- ✗ Lockengarn in Orange
- ✗ Juteband in Grün, 30 cm
- ✗ Naturbast
- ✗ Stoffdreieck in Blau, Karostoff in Braun
- ✗ Knopf
- ✗ Gartengerät
- ✗ Alurohr, 0,6 mm ∅ x 25 cm Länge
- ✗ Sprühlack

Anleitung

Endlich Erntezeit!
Übertragen Sie die Konturen auf das entsprechende Holz und sägen es anschließend aus. Glätten Sie die Seiten, und brechen Sie die Kanten mit dem Schnitzmesser. Die Ränder des Gesichts werden etwas rund geschliffen.
Bohren Sie nun die Löcher für das Gartenwerkzeug, den Vogel und die Möhren.

Katze: Leimen Sie die Beine an den Körper, und bohren Sie das Loch für den Schwanz. Grundieren Sie die Katze mit Altweiß und wischen in der Nass-in-Nass-Technik etwas Braun mit hinein. Malen Sie nach dem Trocknen das Gesicht, und rougen Sie die Wangen und die Ohren mit Rosa. Versiegeln Sie anschließend die Farbe mit Sprühlack. Zum Schluss befestigen Sie den Reisig-Schwanz, die Bastschleife und den festen Draht für die Schnurrhaare.

Gärtner: Beizen Sie zunächst die Hutteile in Grün, und wischen Sie etwas dunkelbraune Farbe mit hinein. Die Hose wird in Blau gebeizt und mit etwas Schwarz verwischt. Nach dem Trocknen werden die Ränder mit Altweiß überbrusht. Beizen Sie die Schuhe in Braun und wischen etwas schwarze Farbe mit hinein. Nach dem Trocknen werden die Hände und das Gesicht mit Haut und das Hemd mit Altweiß grundiert. Das Karomuster wird mit dunkelbrauner Farbe aufgebrusht und anschließend noch einmal mit Altweiß überbrusht. Rougen Sie die Wangen mit Rosa, und malen Sie das Gesicht auf.
Beizen Sie den kleinen Vogel in Blau, und brushen Sie nach dem Trocknen die Flügel und die Brust mit Rosa über. Augen und Schnabel werden mit dem Gelstift aufgetragen. Verleimen Sie nun die Einzelteile und versiegeln die Farben mit Sprühlack. Die Haare werden am Kopf befestigt; die Ansatzstelle wird dabei durch das Aufkleben der zusätzlichen Hutteile verdeckt. Zum Abschluss werden noch die Flicken aufgeklebt, die Möhren mit dem Juteband in der Hand befestigt und das Gartengerät durch die andere Hand geschoben und fixiert. Formen Sie aus dem Reisig ein kleines Nest und befestigen dieses zusammen mit dem Vögelchen auf dem Hut.

Huhn

Material

✗ Leimholz, 18 mm stark
✗ Sperrholz, 6 mm stark
✗ Rundholz, 8 mm, 23 cm lang
✗ 1 Vierkantholz, 7 x 7 cm, 10 cm lang
✗ Schleifpapier, mittlere Körnung
✗ Cutter oder Schnitzmesser
✗ Bastelfarben in Altweiß, Terrakotta, Grün und Dunkelbraun
✗ Bohrer, 2 und 8 mm ∅
✗ fester Draht
✗ Holzleim
✗ Naturbast
✗ Sprühlack

Anleitung

Ein netter Geselle, der sich sehr für sich und seine Artgenossen einsetzt.

Übertragen Sie die Konturen auf das Holz und sägen diese aus. Glätten Sie die Seiten und brechen die Kanten mit dem Schnitzmesser. Sägen Sie nun vom Rundstab 4 Teile von je 5 cm Länge zu, und bohren Sie die Löcher für die Verbindungen.

Grundieren Sie den Kamm, den Schnabel, die Halskrause und die Füße in Dunkelbraun und lassen die Farbe gut trocknen.

Brushen Sie anschließend sehr kräftig mit Terrakotta darüber. Alle anderen Teile des Huhns werden mit Altweiß grundiert und mit Dunkelbraun in der Nass-in-Nass-Technik von den Rändern zur Mitte verwischt. Bemalen Sie den Holzklotz und das Schild mit grüner Farbe, und wischen Sie etwas dunkelbraune Farbe mit hinein. Übertragen Sie den Schriftzug und ziehen ihn mit der Farbe Altweiß nach.

Leimen Sie als nächstes den Schnabel und die Halskrause fest, und versiegeln Sie dann die Farben mit dem Sprühlack. Drahten Sie die übrigen Einzelteile zusammen, wobei Sie die Enden immer zur Spirale aufdrehen sollten, damit man sich nicht daran verletzen kann. Mit dem Rest des Rundstabes wird das Huhn auf dem Holzklotz befestigt. Binden Sie zuletzt dem Huhn das Schild mit dem Bast um den Hals.